BEI GRIN MACHT SICH IHR
WISSEN BEZAHLT

Bibliografische Information der Deutschen Nationalbibliothek:

Die Deutsche Bibliothek verzeichnet diese Publikation in der Deutschen National-
bibliografie; detaillierte bibliografische Daten sind im Internet über http://dnb.d-
nb.de/ abrufbar.

Impressum:

Copyright © 2014 GRIN Verlag, Open Publishing GmbH
Druck und Bindung: Books on Demand GmbH, Norderstedt Germany
ISBN: 9783656597957

Dieses Buch bei GRIN:

http://www.grin.com/de/e-book/268704/sachtextanalyse-des-textes-bildung-und-
barbarei

Lars Knieber

Sachtextanalyse des Textes "Bildung und Barbarei"

GRIN Verlag

Sachtextanalyse des Textes „Bildung und Barbarei"

Die nachfolgende Sachtextanalyse bezieht sich auf den Text „Bildung und Barbarei" von Prof. Dr. Georg Zenkert, welcher am 27.09.2005 in der Frankfurter Rundschau erschienen ist. Die hier zugrunde liegende Version ist ein gekürzter Auszug, der unter anderem bei den schriftlichen Abiturprüfungen 2010 in Hamburg als Referenztext diente.

Sachtextanalyse des Textes „Bildung und Barbarei"

Der Sachtext „Bildung und Barbarei" von Prof. Dr. Georg Zenkert erschien in der Frankfurter Rundschau Nr. 255 vom 27.09.05 im Forum Humanwissenschaften und thematisiert die Wandlung und die Bedeutung des Bildungsbegriffes in der zeitgenössischen Gesellschaft. Insbesondere wird dabei auf den Bildungs- und den Leistungsgedanken eingegangen, in welchem Zusammenhang diese stehen und welche Veränderungen es bei diesen in letzter Zeit gegeben hätte.

Dem Bildungsbegriff ist nach Zenkert eine Wandlung widerfahren. Der Leistungsgedanke hätte den Bildungsgedanken verdrängt. Diesem Schluss liegt zugrunde, dass Zenkert den Begriff der Leistung so versteht, dass die Leistung bloß darin bestehe, dass Erwartungen erfüllt werden müssten. Dies richte sich gegen die bereits von Schiller beschriebe Ausfassung von Bildung, mit der ich mich unter anderem nachfolgend beschäftigen möchte.

So schreibt Zenkert: „Die Idee der Leistung hat den Bildungsgedanken verdrängt. Leistung steht für objektive Anforderungen, für den Einsatz aller Kräfte, scheint also auf den ersten Blick nicht unverträglich mit Bildung zu sein. Tatsächlich aber bedeutet *leisten* – wörtlich *einer Spur folgen* – nicht anderes als vorliegende Erwartungen zu erfüllen. Für Bildung bleibt dabei wenig Raum." (Z. 27ff)

Nun beginnt der zu analysierende Text Zenkerts mit einer Definition des Bildungsbegriffes, wobei diese in einer klassischen Art der Argumentation – bestehend aus Prämisse I, Prämisse II und der Konklusion – beinhaltet ist. „Wir sind Barbaren." (Z. 1) ist seine zunächst verwirrend anmutende erste Prämisse, die er direkt an den Anfang des Textes stellt und so beim Leser Neugierde wecken will. Die Auflösung dieser Prämisse folgt noch im selben Absatz. So bezieht er sich auf Schillers Begriff des Barbaren, den er wie folgt zusammenfasst: Barbaren sind „diejenigen, die ihre individuellen Möglichkeiten zurückstellen, um sich den Forderungen der nüchternen Zweckrationalisierung zu beugen." (Z. 1f) Nachfolgend urteilt Zenkert, wir lebten heutzutage in einem „System wechselseitiger Abhängigkeiten [...], dessen Credo der Sachzwang ist." (Z. 4f) Dies ist also seine zweite Prämisse. Schließlich kommt er am Ende des Absatzes zu der Konklusion, dass wir so betrachtet „in einer Zivilisation ohne Bildung" (Z. 7f) lebten. Dieser Aufbau nach dem Schema *zwei Prämissen und eine Konklusion* ist eine sehr eingängige und leicht verständliche Art der Argumentation, wobei diese besonders durch seinen parataktischen Aufbau der Sätze unterstrichen wird.

Die diesem Text zugrunde liegende, im ersten Absatz erwähnte, Definition von Bildung geht also auf Schiller zurück. Dem Verständnis halber will ich diesen Begriff noch einmal kurz genauer beleuchten. Schiller beschrieb seine Vorstellung des Barbaren insbesondere in seinen Briefen „Über die ästhetische Erziehung des Menschen" an Friedrich Christian von Augustenburg. Hansjörg Hohr fasst in seinem Buch „Friedrich Schiller über Erziehung: der schöne Schein" unter anderem den Inhalt dieser Briefe zusammen. So schreibt er in sinngemäßer Rezitation von Adorno (1973) und Horn (1972): „Man darf sich den Barbaren als eine mit eiskaltem Verstand ausgestattete Person vorstellen, wie ja Schiller selbst die Kälte der aufgeklärten Verstandeskultur wiederholt zur Sprache bringt. Diese Qualität des kalten Denkens macht es dem Barbaren möglich, Unvernunft und Gefühlsverachtung effektiv ins System zu setzen."[1] In diesem Zitat wird also die alles vereinnahmend Vernunft des Barbaren deutlich. Dieser unterdrückt seine Gefühle zugunsten der Vernunft. Denn Schiller schrieb die Briefe als Kritik an der damals aufkommenden Aufklärung. (Schiller setzte sich seinerzeit ja auch mit Kant auseinander) Diesem *Konzept des Barbaren* stellte Schiller das des *Wilden*, „der ohne Rücksicht auf seine Würde und Freiheit seinen Gefühlen freien Lauf lässt."[2] entgegen. Gewissermaßen sieht Zenkert also, gemäß Schillers Konzept des Barbaren, in unsere Gesellschaft die Vernunft der Bildung entgegenwirken.

---

[1] Hohr, Hansjörg, Friedrich Schiller über Erziehung: der schöne Schein, Seite 53

[2] Hohr, Hansjörg, Friedrich Schiller über Erziehung: der schöne Schein, Seite 52

Im nächsten Absatz des Textes fragt sich Zenkert, wie es sein kann, dass wir also in einer Zivilisation ohne Bildung leben, obwohl wir uns doch vorgeblich so redlich um Bildung bemühen. Er weißt darauf hin, dass große Teile der medialen Aufmerksamkeit zuletzt der Bildung zuteil wurden. Diese bestünde aber überwiegend aus Lamentos über „den Zustand unserer Bildungsanstalten und den monotonen Aufrufen zur Steigerung des Bildungseifers und den sich überschlagenden Bildungsreformen", sodass „der Begriff [der Bildung] seinen Sinn fast eingebüßt hätte." (Z. 12ff) Der inflationäre Gebrauch des Begriffs sorge - entgegen der Erwartung - nicht etwa dafür, dass er sich einfach abnutzte, sondern sich vielmehr transformiere, also verändere. Sogleich unterstreicht er seine These mit Beispielen: Die Mainstreampädagogik spreche nicht mehr von „Bildung", sondern von „Erziehung"; überhaupt seien die Reformmaßnahmen Bestandteil eines Planes zur Sicherung des Humankapitals als Standortfaktor. In diesem Sinne würde von Bildung also als Humankapital gesprochen werden.

Diese spezielle, aus der Ökonomie stammende, Expression passt in die Argumentationslinie Zenkerts. Denn diese steht im Einklang mit den neoliberalen Regeln des effizienten Marktes. Der Neoliberalismus glaubt an einen Leistungsdruck, der unweigerlich zur Verbesserung führe, weil sich die Konkurrenzfähigen durchsetzen und die weniger Konkurrenzfähigen ausscheiden. So sieht diese Doktrin die Bildung – in Form des sogenannten Humankapitals - als einen entscheidenden Faktor in der Standortdebatte (Stichwort: wo produzieren? – Deutschland oder China?). In diesem Sinne ziele also die moderne Form der Bildung darauf ab, ein Optimum an Humankapital zu erreichen. So schreibt Zenkert, dass „politisch initiierte Reformmaßnahmen primär an ökonomischen Kriterien orientiert sind" und dass Bildung „instrumentalisiert" würde (beide Z. 19ff). Doch Bildung kann seiner Auffassung nach nicht geplant werden. Es gehöre schließlich „zum Kern des Bildungsgedankens, dass Bildung nicht planmäßig hergestellt, nicht verordnet werden kann." (Z. 25f) Darüber hinaus sei Bildung kein „Besitz" (Z. 39), sondern ein Prozess, bei dem sich das Individuum ständig selbst versucht zu erweitern, verbessern.

Diese Unterargumente stützt also seine zentrale These des *Paradigmenwechsels von der Bildung im eigentlichen Sinne hin zum Imperativ der Leistung* (vgl. Z. 27ff). Die These greift Zenkert darauf erneut – diesmal als Fluchtmotiv - auf (Z. 41ff): Der moderne Mensch flüchte vor diesem unaufhörlichen Bildungsprozess in die „globale Verwaltung der Leistungsgesellschaft", um dann der einfacheren „Spontanität Raum zu geben". Dies sei zugleich auch die Illusion der Individualität. Hierbei wird also deutlich, dass der Mensch eine Vorgabe der Bildung mit einer vermeintlichen Individualität verwechsele.

Abschließend kritisiert Zenkert dieses Konzept der Bildung; „Wirkliche Bildung" müsse frei sein und die Möglichkeit „eine Sache zu mit Muße zu verfolgen" (Z. 48f) bieten. Dies heißt also nichts anderes, als das der Imperativ der Leistung sowie der Vorgabe der eigentlichen freien und eigenständigen Bildung im Wege stehe. Das Individuum sollte sich also frei entfalten können, in welche Richtung auch immer – ganz ohne übertriebene Einschränkungen. Der Text endet, wie er angefangen hat, nämlich mit der Barbarei nach Schiller: „Dieses Kriterium trennt die Welt der Bildung von der Barbarei." Hier wird also verdeutlicht, dass diese Freiheit der Unterschied zwischen wirklicher Bildung und dem Konzept der Barbarei ist, das hier stellvertretend für Leistungsdruck und starre Vorgaben steht.

Zusammenfassend lässt sich sagen, dass Zenkerts Argumentation in sich schlüssig ist; er verwendet teilweise klassische Argumentationswege und verbindet seine Argumente sinnvoll. Dabei ist besonders auffällig ist, dass Sätze von zentraler Bedeutung einen parataktischen Aufbau aufweisen. So zum Beispiel: „So betrachtet leben wir in einer Zivilisation ohne Bildung." (Z. 7f) oder direkt zu Beginn des Textes: „Wir sind Barbaren". (Z.1) Die Anordnung der Argumente ist strukturiert; zunächst wird eine These genannt, diese dann mit Argumenten belegt. Dies geschieht sowohl bei der zentralen These, als auch bei den Unterargumenten.

BEI GRIN MACHT SICH IHR WISSEN BEZAHLT

- Wir veröffentlichen Ihre Hausarbeit,
  Bachelor- und Masterarbeit

- Ihr eigenes eBook und Buch -
  weltweit in allen wichtigen Shops

- Verdienen Sie an jedem Verkauf

Jetzt bei www.GRIN.com hochladen
und kostenlos publizieren